# UN
# JOUR D'AUDIENCE,

## VAUDEVILLE EN UN ACTE,

### IMITÉ DES CONTES DE BOUILLY;

PAR

## MM. DE PONTCHARTRAIN ET PAUL G***.

Représenté
pour la première fois sur le Théâtre des jeunes Acteurs
de M. Comte, le 21 avril 1829.

———•••———

# PERSONNAGES.

Le Comte DE BEAUFORT, directeur général.
CHARLES, fils du directeur.
SOPHIE, fille du directeur.
Madame SAINTE-ROSE.
Le Vicomte D'ARGENTEUIL.
M. FURET.
M. ROULANT-BELLE-ROUTE.
M. CRIE-FORT.
Un Huissier.

La scène se passe à Paris.

# UN
# JOUR D'AUDIENCE.

Le théâtre représente l'appartement du directeur. — Au lever du rideau, l'huissier prépare quelques pièces et met en ordre plusieurs lettres.

## SCENE PREMIERE.

## L'HUISSIER.

Quelle correspondance ! Et voilà tout ce qu'il faut expédier aujourd'hui !... La classe des solliciteurs est loin de diminuer.

Air du *Maréchal de Turenne*.

Chacun veut des faveurs, des grâces ;
On sollicite, on se nourrit d'espoir.
Des emplois chacun suit les traces ;
Grands et petits, tous veulent voir
L'argent rouler et les bienfaits pleuvoir.
Le postulant, même alors qu'il ignore
Ce que pour lui mon maître a décidé,
Cherche, attendant ce qu'il a demandé,
Ce qu'il peut demander encore.

Je ne suis en place que depuis hier... On dirait que les solliciteurs ont deviné que je n'avais pas encore vu M. le directeur général, car aucun n'est encore venu faire connaissance avec moi. Cependant mon prédécesseur m'a mis en garde contre un certain M. Furet et une dame Sainte-Rose, qu'on rencontre dans tous les bureaux, et qu'on a surnommés les deux inévitables de l'administration.

## SCÈNE II.

### L'HUISSIER, FURET, Madame SAINTE-ROSE.

*Furet arrive sur la pointe du pied, regarde à la porte, et salue. De son côté, madame Sainte-Rose entre, et fait une longue révérence à l'huissier, qui la regarde.*

L'HUISSIER, *à Furet.*

Que veut monsieur?... (*Se retournant vers madame Sainte-Rose.*) Que désire madame?

FURET, *à part.*

Ce n'est plus M. Souplet; c'est une nouvelle connaissance à faire... Ce que je veux, dites vous?... Mon cher, je demande...

L'HUISSIER.

Je sais bien que vous ne venez pas ici pour autre chose.

FURET.

C'est vrai, mon cher; c'est vrai. Voilà mon genre... ma maxime, ma philosophie, je demande. C'est un métier tout comme un autre; c'est-à-dire meilleur qu'un autre, parce que, s'il est des moments où l'on est attrapé, il en est aussi quelques uns où l'on attrape.

Air Du Scandale, ou: Moi, je flane.

Je demande,\
Je demande;\
Que j'obtienne ou que j'attende,\
Je demande,\
Je demande:\
La faveur\
Fait mon bonheur.

Demander est de bon ton.\
Moi, je n'ai pas l'âme fière;\
Et j'approuve la manière\
Du demander sans façon.\
Egal aux plus fortes têtes,\
Pour réussir, moi, je fais\
Des dîners et des requêtes,\
Des placets\
Et des couplets.

Je demande, etc.

1.

Le crédit est aujourd'hui
Un trésor que l'on conserve.
Pour moi seul je le réserve ;
De moi seul je suis l'appui.
Quand une disgrâce entraîne
Un brave homme, un bon ami,
Si j'ai peur qu'un autre vienne,
Je me dis : *Primo mihi.*

Je demande, etc.


**MADAME SAINTE-ROSE.**

Ah ! vous avez de l'ambition, M. Furet.

**FURET.**

Il me semble, madame Sainte-Rose, que nous suivons à peu près les mêmes routes.

**MADAME SAINTE-ROSE.**

Pouvez-vous comparer vos demandes aux miennes ? Vous cherchez partout la fortune, et moi je n'ambitionne que la gloire de faire quelques fournitures par adjudication, et cela par pure philanthropie.


AIR *du Piége.*

Nous différons bien tous les deux.
Vous enrichir est votre envie ;
Mais moi je vois combler mes vœux
Quand je sers la philanthropie.
J'amasse, hélas ! quelques deniers.
Dans mes marchés je perds, et puis le dire,

Sur vingt habits de prisonniers,
Je gague à peine un cachemire.

**FURET.**

Il faudrait être bien ridicule de se plaindre.

*On sonne.*

**L'HUISSIER.**

J'entends monseigneur. Eloignez-vous ; vous me compromettriez.

**MADAME SAINTE-ROSE.**

C'est précisément le moment de se présenter.

**FURET.**

Me faire éloigner ! y pensez-vous ! moi qui arrive de Passy, mon cher M. George.

**L'HUISSIER,** *à part.*

Il sait déjà mon nom.

**MADAME SAINTE-ROSE.**

Mon cher M. George.

**L'HUISSIER.**

Quel aimable regard ! Tenez, entrez dans la pièce voisine. Attendez ; je vous avertirai au moment favorable.

*Un coup de sonnette fait précipiter Furet et madame Sainte-Rose dans l'appartement voisin. L'huissier entre avec eux.*

# SCÈNE III.

## LE DIRECTEUR, CHARLES.

### CHARLES.

Vous vous rendez déjà, mon père, au palais du prince ?

### LE DIRECTEUR.

Mon fils, le prince s'éveille toujours de grand matin pour penser au bonheur de ses sujets.

### CHARLES.

Que je serais curieux d'assister au petit-lever de Sa Majesté ! Que de grâces, que de récompenses je présenterais à sa signature !

### LE DIRECTEUR.

Tu te tromperais souvent, mon cher Charles, dans le choix de ceux que tu voudrais combler de bienfaits.

### CHARLES.

Tu persistes donc à me croire toujours mauvais physionomiste ?

### LE DIRECTEUR.

Tu ne peux, mon ami, avoir acquis à ton âge

un art dans lequel la vieillesse elle-même est encore novice.

Air d'*Aristippe*.

Connaître l'homme est l'art impraticable ,
Et le juger, c'est marcher au hasard :
Car de son cœur le voile impénétrable
Vient le soustraire au plus subtil regard.
Jamais rien en lui ne désigne
Ce qu'il peut être , et souvent le moment
Où le masque tombe est le signe
D'un nouveau travestissement.

### CHARLES.

Il est cependant des signes certains auxquels on
peut les reconnaître... et je t'assure, mon père ,
qu'avec un peu de tact, on se tire d'affaire.

### LE DIRECTEUR.

Témoin cette pétition que tu reçus il y a deux
mois. Tu la tenais, me disais-tu , d'un officier dis-
tingué... elle était d'un tambour-major.

### CHARLES.

Le costume m'avait ébloui.

### LE DIRECTEUR.

Il te trompera souvent , mon cher Charles ; tu te
laisses trop entraîner à la précipitation , qui juge
sans réflexion.

### CHARLES.

J'étais jeune il y a six mois ; mais maintenant j'ai acquis de l'expérience... Tu verras à la première occasion.

### LE DIRECTEUR.

Je le désire, Charles... Mais l'heure m'appelle... je me hâte... Je n'ai pas encore vu le nouvel huissier qui a dû entrer en fonctions aujourd'hui... Fais-lui dire de ne point s'éloigner : une distribution de pièces importantes nécessitera sa présence.

Air : *Un moment de peine.*

Pendant mon absence
Borne ta science
A connaître enfin
Mieux le genre humain.
Charles, je t'en prie,
Ne va pas encor
Doubler la copie
Du tambour-major.

### ENSEMBLE.

### LE DIRECTEUR.

Pendant mon absence, etc.

### CHARLES.

Pendant son absence
Moi j'ai l'espérance
De connaître enfin
Mieux le genre humain.

# SCENE IV.

## CHARLES.

Oh! c'est décidé... jamais mon père ne reviendra de ses préventions... Pour un quiproquo fait une fois ! ce n'est pas ma faute. Pourquoi habillet-on les tambours-majors comme des maréchaux de France... Qui ne s'y tromperait pas quand des savants s'y trompent?

**Air de *Julie*.**

Tâtant au front avec sa main savante
	Un consultant en discrédit,
	Le docteur Gall, que l'on nous vante,
	Le jugeant honnête, lui dit :
Tout est en vous vertu, l'art le démontre.
Mais le docteur fut bien déconcerté :
	Car la bosse de probité
	Le soir escamota sa montre.

Mais, à la première occasion, je prendrai ma revanche.

## SCENE V.

## CHARLES, L'HUISSIER.

L'HUISSIER, *s'inclinant.*

Quelle est cette personne?... Sans doute le secrétaire de M. le directeur.

CHARLES.

C'est vous, huissier? (*L'huissier s'incline. —
A part.*) Quelle bonne occasion!... (*Haut.*) Vous
laisserez pénétrer jusqu'à moi toutes les pe--
sonnes qui se présenteront pour son excellence.
(*L'huissier sort.—Charles se jette dans un fauteuil ;
il parcourt quelques papiers.*) J'étais né pour la di-
plomatie... j'aurais voulu être consul... Oh! mieux
que cela, ambassadeur... Je me présente à la cour
d'un prince étranger... tous les yeux se dirigent sur
moi... la reine entre... Sa Majesté daignera-t-elle
accueillir?...

# SCÈNE VI.

## CHARLES, SOPHIE.

SOPHIE, *qui l'a entendu.*

M. l'ambassadeur, soyez le bien-venu.

CHARLES.

Ah ! c'est toi, ma sœur ?

SOPHIE.

Oui, M. l'ambassadeur ; excusez si j'ai inter-
rompu votre discours d'introduction.

CHARLES.

Oh ! d'autres idées bien plus importantes m'oc-
cupent... ( *A part.* ) Si je ne l'éloigne, elle gênera
l'accomplissement de mes projets. ( *Haut.* ) Il fait
une journée charmante : ne fais-tu pas quelques
préparatifs de promenade? L'air te ferait du bien.

SOPHIE.

Mon cher frère a aujourd'hui quelque partie à
faire, et il ne veut pas me mettre dans la confi-
dence.

CHARLES.

Enfant que tu es!... Quand on est lancé dans la
carrière des emplois publics...

SOPHIE, *riant.*

Ah! ah! ah! la carrière des emplois publics !...

Serais-tu nommé surnuméraire dans quelque bureau de mon père ?... C'est peut-être la récompense de ce tact exquis qui te fait juger les hommes, et qui te fait prendre un tambour-major pour...

CHARLES.

Encore le tambour-major ! Il me poursuit donc comme une furie.

SOPHIE.

Ah ! ah ! ah ! le tambour-major ! je m'en souviendrai long-temps.

CHARLES.

AIR du vaudeville de *la Robe et les Bottes.*

Sur ce sujet on doit se taire ;
J'aurai ma revanche à mon tour.
Trompé par l'habit militaire,
Je le connaîtrai mieux un jour.
Je n'aurais pas fait la méprise
Si ce tambour-major fatal
Eût eu sa canne...

SOPHIE , *riant.*

Eh bien !... tu l'aurais prise
Pour un bâton de maréchal.

Oui , mon frère , tu l'aurais prise pour un bâton de maréchal.

CHARLES.

Plaisante à ton aise.

SOPHIE.

Tu as beau dire et beau vouloir le prouver, je crois
que celui de nous deux qui se tromperait le moins
souvent dans les jugements à porter sur les solliciteurs ne serait pas toi. Vois-tu, Charles, il y a
dans notre sexe une perspicacité qu'on trompe ra-
rement ; il y a dans nos questions une adresse qui
nous fait voir à l'instant la ruse du solliciteur am-
bitieux, ou qui trahit le besoin de celui qui doit
être accueilli ou soulagé.

AIR : *En amour comme en amitié.*

Que de pleurs nous savons tarir,
Que votre œil, messieurs, voit à peine :
Notre main vingt fois peut s'ouvrir
Avant que l'homme, hélas! pense à tendre la sienne.
C'est à l'erreur qu'il se laisse entraîner ;
Mais nous réglons bien mieux la bienfaisance :
Car le plaisir de calmer la souffrance
Fait naître en nous l'art de la deviner.

CHARLES.

Je voudrais bien te voir à la tête des requêtes.

SOPHIE.

Je m'en tirerais aussi bien que toi.

CHARLES.

Oh ! que de bévues tu ferais !

SOPHIE, *imitant le tambour-major.*

Sois prudent, ou je rappelle...

CHARLES, *s'emportant.*

Je lui cède la place... J'ai quelques dispositions à faire.

*Il se retire d'une démarche fière.*

SOPHIE.

Dis donc, mon frère?

*Elle imite le tambour-major.*

# SCENE VII.

## SOPHIE, *seule.*

Ah! mon aimable frère, vous voulez lutter... Les femmes ont certainement l'esprit d'observation plus infaillible que celui des hommes... S'il y avait des dames ici, elles seraient toutes de mon avis.

AIR, *Change, change-moi, Brama.*

C'est toujours, toujours à nous,
A nous
Qu'est la puissance.
Messieurs, à genoux!
Point de courroux;
Obéissance;
Vite à genoux!
De la mode en tous lieux
Nous exauçons les vœux;

Nous suivons ses arrêts
Et ses décrets.
Nous prononçons partout
Comme arbitres du goût.
Qui juge d'un chapeau
Frais et nouveau ?
Mon frère, c'est toujours nous ;
C'est nous.
Qui de votre âme
Chasse à l'instant
Chagrin, tourment?
C'est une femme.
Ah ! conviens-en.
Si le jeu, le plaisir,
Vient parfois à languir,
Nous seules l'animons
Et l'inspirons.
Le talent qui séduit
Et qui charme l'esprit
Prend naissance chez vous,
Grâces à nous.

C'est toujours, toujours à nous, etc.

Pour vous mener bien loin,
Vraiment, qu'est-il besoin ?
D'un coup-d'œil agaçant ;
Et, sur-le-champ,
Vous devenez charmants,
Tendres et complaisants.
Oui, lorsque nous voulons,
Nous commandons.

C'est toujours, toujours à nous, etc.

2.

# SCÈNE VIII.

## SOPHIE , Madame SAINTE-ROSE.

*Madame Sainte-Rose paraît étonnée de voir Sophie. Sophie se
retourne; et, voyant madame Sainte-Rose, elle s'incline.*

### SOPHIE , *à part.*

Cette dame est fort bien... Cette mise élégante
annonce une femme comme il faut... Si je pouvais
donner une leçon à mon frère !

### MADAME SAINTE-ROSE.

Monseigneur serait-il déjà sorti ? C'est cruel,
très cruel : c'est en vain que je pressais mes che-
vaux. Je suis madame Sainte-Rose.

### SOPHIE , *à part.*

Madame Sainte-Rose ! ce nom résonne bien.

### MADAME SAINTE-ROSE.

Mon nom est très connu de son excellence ; mais
je ne puis me flatter, mademoiselle , qu'il soit par-
venu jusqu'à vous.

### SOPHIE.

Il ne m'est pas inconnu, madame. ( *A part.* )

Oh ! comme elle s'exprime bien !... (*Haut.*) Madame daignerait-elle prendre la peine de s'asseoir ? Peut-être pourrai-je, en l'absence de mon père, lui donner les renseignements qu'elle désire. Mais ôtez donc votre châle, je vous supplie : il fait une chaleur !... Oh ! le beau tissu !

### MADAME SAINTE-ROSE.

C'est le premier sorti cette année des manufactures de M. Ternaux. C'est madame de Roberville qui m'en fit don. Elle l'avait eu de la marquise Fanfernet, qui le perdit dans une gageure, après l'avoir gagné à la petite comtesse Amélie. Elle est si joueuse, cette folle Amélie. Dans le monde, on ne sait comment se distraire, passer le temps.

### SOPHIE.

Madame va beaucoup dans le monde ?

### MADAME SAINTE-ROSE.

Il est peu de maisons où je ne sois appelée pour donner ma décision et mon goût sur une toilette, sur un objet de parure.

### SOPHIE.

Oh ! que vous êtes heureuse !

Elle lui offre un tabouret pour mettre sous ses pieds.

### MADAME SAINTE-ROSE.

On n'est pas plus aimable !

### SOPHIE.

Vous avez sans doute vu Longchamps cette
année ?

### MADAME SAINTE-ROSE.

Assez brillant, mais contrarié par la pluie. C'est
aujourd'hui le grand jour. Toute la meilleure so-
ciété s'est donné rendez-vous. Je me suis passé un
léger caprice. J'ai fait faire un équipage oiseau-
de-paradis ; il est délicieux ! Quel honneur pour
moi si, par un de ces incidents qui mettent à pied
les gens en voiture, je trouvais votre équipage ar-
rêté par quelque obstacle, ou froissé par quelque
étourdi ou quelque maladroit !

AIR *du Premier prix.*

Des élégants suivant la file,
Je vous conterais tour à tour
La mode, les bruits de la ville,
Et les anecdotes du jour.
Oui, pour vous rendre un juste hommage,
En ce beau jour je voudrais bien
Voir renverser votre équipage,
Afin de vous offrir le mien.

### SOPHIE.

On ne peut pas être plus aimable.

**MADAME SAINTE-ROSE.**

Mais je m'aperçois, mademoiselle, que j'abuse
de vos moments ; il serait indiscret à moi de pro-
longer davantage une audience accordée si gra-
cieusement. Je me retire, en osant toutefois vous
supplier de vouloir bien remettre à son excellence
la demande...

**SOPHIE.**

Donnez, donnez, madame ; je la remettrai en
mains propres, et je l'appuierai de tout mon faible
crédit.

**MADAME SAINTE-ROSE.**

Ah ! mademoiselle, que de reconnaissance !
( *A part.* ) Je suis certaine d'obtenir ma fourniture.

Elle sort.

# SCENE IX.

## SOPHIE, *seule.*

Cette dame est charmante ! Que ces femmes de
qualité sont aimables !... Une voiture oiseau-de-
paradis ! comme c'est galant ! comme c'est léger !
Mon frère va-t-il être au désespoir quand il m'en-
tendra dire à mon père : Voici une pétition que je

vous présente ; la signataire mérite votre protection...

# SCÈNE X.

## SOPHIE, CHARLES.

### CHARLES.

*Il a entendu les derniers mots de Sophie.*

Je la lui accorde.

### SOPHIE.

Ah ! te voilà, Charles... Oh ! quelle belle tenue !

### CHARLES.

J'ai fait un peu de toilette pour donner mes
audiences.

### SOPHIE.

Moi, j'ai terminé les miennes.

### CHARLES.

Que veux-tu dire ?

### SOPHIE.

Je te l'expliquerai. Adieu, mon frère. Surtout,
en donnant tes audiences, prends bien garde au...

*Elle imite le tambour-major, et sort en souriant.*

### CHARLES.

Petite évaporée ! lutter avec moi. Maintenant
me voici prêt à recevoir : arrive qui voudra.

## SCENE XI.

## CHARLES, M. D'ARGENTEUIL, L'HUISSIER.

L'HUISSIER.

Monsieur d'Argenteuil !

CHARLES, *regardant.*

Quel est cet homme-là ?... Dépêchez-vous , car je suis très pressé.

D'ARGENTEUIL.

Je croyais trouver M. le directeur général.

CHARLES.

Je le représente : que lui voulez-vous ?

D'ARGENTEUIL.

Il m'honore quelquefois d'un accueil parti-culier.

CHARLES.

Je crois parbleu bien qu'il vous honore, et bien d'autres que vous.

D'ARGENTEUIL, *à part.*

Le petit impertinent! (*Haut.*) Je venais deman-

der à son excellence quelques nouvelles de nos
armées.

CHARLES.

Lisez les journaux.

D'ARGENTEUIL.

Ils ne donnent aucun détail sur le brave général
qui les commande.

CHARLES, *négligemment.*

Il va bien, très bien... (*Un moment de silence.*)
Il a été blessé au dernier combat.

D'ARGENTEUIL.

Blessé !

AIR de *Préville et Taconnet:*

Il fut blessé dans la dernière affaire ;
Une dépêche à l'instant nous l'apprend.

D'ARGENTEUIL.

Il fut blessé !

CHARLES.

Comment ! un militaire
Reçoit un coup, et cela vous surprend !
Eh quoi ! monsieur ! quoi ! cela vous surprend !

D'ARGENTEUIL.

A ce combat que n'étions-nous ensemble !
Vingt fois l'ennemi me blessa,
Et plus de vingt preuves sont là

( Montrant son sein. )
Pour attester, entre nous, ce me semble,
Que je suis fait à ces surprises-là.


CHARLES.

Vous appartenez au général ?

D'ARGENTEUIL.

Oui, j'ai le bonheur de lui appartenir.

CHARLES.

Vous êtes son concierge, peut-être ?

D'ARGENTEUIL.

Non, monsieur.

CHARLES.

Un vieux secrétaire réformé ?

D'ARGENTEUIL.

Le général ne réforme jamais personne.

CHARLES.

Ah ! je devine. Vous êtes un de ces pauvres gens
dont on m'a dit qu'il se plaisait à secourir en se-
cret l'indigence.

D'ARGENTEUIL.

Il est vrai que le général est l'espoir et la conso-
lation de ma vieillesse.

Il sourit.

3

### CHARLES.

Je suis bien bon de chercher l'énigme : qu'importe... J'ai des affaires d'un plus haut intérêt à traiter. Excusez-moi, mon cher, excusez-moi... des travaux...

### D'ARGENTEUIL.

Je comprends... Monseigneur est allé au château. Je vais aller au-devant de lui ; et peut-être sera-t-il assez bon pour entrer avec moi dans des détails plus circonstanciés.

### CHARLES.

*Il fait un signe de la main.*

C'est bon, c'est bien, mon cher. (*A l'huissier.*) Huissier, quand il vous arrivera de laisser pénétrer de semblables individus, je sais ce que j'aurai à faire.

### L'HUISSIER, *à part.*

Ce diable de Furet, il n'y a pas moyen de le renvoyer ; il s'est mis à ma place, et il fait des pétitions avec mes plumes et mon papier... Le voilà... il a saisi la balle au bond.

# SCÈNE XII.

## CHARLES, FURET.

**CHARLES.**

Ces valets sont sans aucune finesse d'observation.

**FURET,** *s'inclinant.*

Monsieur, c'est-à-dire monseigneur, votre hautesse, votre altesse, votre excellence. Enfin donc j'arrive auprès du soleil ! Que je suis heureux !

**CHARLES,** *à part.*

A la bonne heure, celui-ci... Il a les idées un peu troublées par ma présence, c'est bien naturel ; mais, au moins, il se présente dignement. (*Haut.*) Remettez-vous...

**FURET,** *à part.*

Ah ! qu'il est bon le jeune monseigneur ! il m'a dit : Remettez-vous... (*Haut.*) Je ne viens pas solliciter des récompenses, moi ; je ne veux que des encouragements, des coups-d'œil d'encouragement, ou, si monseigneur le veut, quelques primes d'encouragement... Je suis fanatique des arts : c'est ma partie favorite ; ce qui n'empêche pas que je fasse

des exploitations philanthropiques et utiles à l'intérêt de tous, soit dans les constructions, soit dans
les améliorations. J'avais trouvé le moyen de rendre les quais moins populeux. C'était la chose du
monde la plus facile : il fallait faire seulement
deux cents ponts, pas davantage.

CHARLES.

Ces projets-là sont suspendus.

FURET.

Je comprends... Suspendus, c'est-à-dire tombés
dans l'eau : c'est dommage. Mes ponts sont d'un
nouveau genre ; je ne les jette pas d'une rive à l'autre comme tous mes confrères, mais bien d'un pont à
l'autre. Ma première arche part du Pont-Neuf, et
ma dernière s'accroche au pont des Arts. Compre-
nez bien l'idée... Je jette en outre dix-huit petits
ponts entre chaque grand pont, et le Parisien cir-
cule sans cohue et sans foule sur les quais, ainsi
débarrassés du trop-plein.

CHARLES.

C'est admirable !

FURET.

J'appellerai encore votre attention sur mes chapeaux incombustibles, dont on pourrait faire des
casques de pompiers.

**CHARLES.**

Mais ce serait très précieux.

**FURET.**

Je suis certain du succès. J'offre d'en faire l'é-
preuve : si je ne réussis pas dans mon entreprise,
je veux être brûlé tout vif.

**CHARLES.**

Nous essaierons.

**FURET.**

Vous n'êtes pas sans avoir entendu parler de mes
baignoires flottantes : ce sont des baignoires qui,
par un mécanisme ingénieux, promènent le bai-
gneur dans la rivière.

AIR du vaudeville de *l'Ecu de six francs.*

Si cette invention prospère,
Ceux qui de courir ont l'emploi
Feront par eau plus d'une affaire
De Saint-Cloud au Jardin du Roi.
L'élégant, qui dans son char brille,
Respecte enfin le piéton ;
Mais, en écrasant le goujon,
Il éclaboussera l'anguille.

**CHARLES.**

Ne dirigez-vous pas aussi vos travaux sur l'économie domestique ?

3.

### FURET.

L'économie domestique !... c'est ma thèse de pré-
dilection. J'ai fait des fourneaux qui nourrissent
toute une famille avec trois feuilles de papier... pour
tout combustible. J'ai appliqué la vapeur au bif-
teck, et le gaz hydrogène aux pieds de mouton. Et
mes services de table, si je portais ma faïence en
Chine, dans ce pays-là on ne voudrait plus de
porcelaine. Je puis même dire que j'ai su faire res-
sortir la gloire nationale par la gastronomie. Mes
assiettes historiques passeront à la postérité.

AIR : *Il me faudra quitter l'empire.*

Du nom français chaque titre à la gloire
Est sur mes plats à nos regards offert ,
    Et l'on peut faire un cours d'histoire
    Du potage jusqu'au dessert.
Sans vanité je puis ici le dire ,
Pour les gourmands je suis bien obligeant.
En s'amusant heureux qui peut s'instruire !
Mais plus heureux qui s'instruit en mangeant !

Monseigneur, je veux vous en offrir un échan-
tillon ; je vous demanderai la faveur de vous le
présenter moi-même. Ah ! s'il m'était permis d'es-
pérer le bonheur de placer votre nom comme pro-
tecteur sur quelques uns de mes ouvrages, quel

encouragement ! quel véhicule !... Vous consen-
tez ? oui...

AIR de *la Muette*.

Ah ! monseigneur,
Quelle faveur !
Quel honneur !
Quel bonheur !

Désormais plus d'alarmes ;
Et sur maint ouvrage érudit,
Produit de mon esprit,
Je fais graver vos armes.
Pour arrêter mes pas,
Mes rivaux parlent bas.
Mais, bravant leurs discours,
Je vais, je viens, je cours ;
Et, faisant mon chemin,
De Paris à Pékin,
C'est certain,
J'étonnerai tout le genre humain

en répétant à votre gloire à tous les échos de
l'univers :

Ah ! monseigneur ! etc.

Vive monseigneur !

Il sort.

## SCENE XIII.

## CHARLES, SOPHIE.

SOPHIE, *à part.*

Je pense toujours à ma protégée... Mon père tarde bien à venir.

CHARLES, *rêvant.*

Ces chapeaux incombustibles ne me sortent pas de la tête.

L'HUISSIER, *annonçant.*

Monsieur Belle-Route !

CHARLES, *apercevant sa sœur.*

Encore un réclamant.

## SCÈNE XIV.

## LES PRÉCÉDENTS, BELLE-ROUTE, puis CRIE-FORT.

CHARLES, *à Sophie.*

Retire-toi, ma sœur.

BELLE-ROUTE.

Je m'incline, monsieur et mademoiselle, devant

vous. N'ayant pas la faveur de rencontrer son excellence, je ne pouvais mieux m'adresser.

CHARLES, *à Sophie.*

Il ne convient pas qu'une femme...

L'HUISSIER, *annonçant.*

M. Crie-Fort !

SOPHIE.

Voici sans doute un autre solliciteur : chacun
de nous aura le sien.

CRIE-FORT.

Excellence, l'art théâtral est en décadence.

BELLE-ROUTE.

Monsieur, il n'y a pas assez de voitures à Paris.

CRIE-FORT.

Cet art menace ruine...

BELLE-ROUTE.

Le piéton gémit encore...

CRIE-FORT.

La crise est arrivée...

BELLE-ROUTE.

L'homme riche l'écrase.

CRIE-FORT.

Il faut que toutes les nations viennent au se-
cours de la tragédie française...

**BELLE-ROUTE.**

Pour éviter les accidents, il faut que tout le monde aille en voiture...

**CRIE-FORT.**

Il faut que Londres sauve Paris...

**BELLE-ROUTE.**

Vivent les voitures !

**CRIE-FORT.**

Vive la tragédie anglaise !

**CHARLES.**

Parlez chacun à votre tour.

**BELLE-ROUTE.**

Je demande que le peuple aille en voiture ; que l'artisan, que l'ouvrier, aillent en voiture ; et, pour parvenir à ce but, je demande l'autorisation d'établir trois cent mille voitures à Paris : les Complaisantes, les Roulantes, les Galopantes, les Traversantes, les Diligentes, les Transportantes, les Berçantes, les Inversantes, les Batignolantes, jamais les Insolentes, et toujours les Restaurantes.

AIR : *Je loge au quatrième étage.*

Grâce à la nouvelle structure
D'un char qui se change en buffet,
Le voyageur monte en voiture,
Et croit être chez Corcelet.
Mon confrère part comme un trait ;

Ses voyageurs dînent en route
Quartier Brisemiche, et les miens
Au même instant cassent la croûte
Au pâté des Italiens.

CRIE-FORT.

Le goût se blase... La génération actuelle veut
du vrai, et surtout du pathétique... Il faut renverser la Melpomène qui ne fait mourir ces héros
que dans la coulisse, et ne présente à la victime
qu'un poignard en fer-blanc qui rentre dans le
manche. Du sang, du sang sur la scène... ça
donne de la couleur à un genre... Je veux ouvrir
un théâtre-modèle.

Air : De ma Céline, amant modeste

Contre l'art français je proteste ;
Il faut du noir et du sanglant.
Je veux dans les cheveux d'Oreste
Entendre siffler un serpent.
Je remplirai ma noble tâche.
Dans l'intérêt du plus puissant des arts,
Je fais deux fois par mois relâche
( Imitant le rémouleur.)
Pour repassage de poignards.

Il faut marier les genres et les langages; il n'y a
que cela pour sauver le théâtre. Je fais venir
mes tragédies de Londres. Je compose mon ou-
verture avec du Rossini. Premier coup d'archet.

( *Air italien, fragments divers enchaînés, bien bruyants ; il bat la mesure et imite les instruments.*) Voulez-vous me faire l'honneur de figurer le public ? (*A Sophie.*) Mademoiselle, dans une baignoire. (*A Charles.*) Monsieur, dans une baignoire. (*A Belle-Route.*) Vous, debout, au parterre, comme en province. Chacun son rang. ( *Il sort et rentre aussitôt.*) Othello paraît. (*Il prend ici quelques phrases de l'Othello anglais :* Codo, con Brio ; o Dio ! Diou, douo, were Good. *Il fait la parodie des auteurs anglais.*) Mes chœurs, je les fais venir de Berlin. Maintenant , en avant les chœurs ! ( *Il chante la fin du chœur de Robin des Bois.*) Tra , la , la , la , la , la , la , la.

#### SOPHIE.

Ah ! c'est charmant... A la fois du Shakespeare, du Rossini , du Weber... Oh ! messieurs, il ne faut pas abandonner un aussi beau projet.

#### CRIE-FORT.

Une simple autorisation de son excellence...

#### SOPHIE.

Ce sera difficile... car il y a maintenaant deux cent quarante demandes de théâtres nouveaux... Mais j'appuierai de tout mon pouvoir, je vous le promets.

#### BELLE-ROUTE.

Puis-je me flatter que mon entreprise obtiendra

votre suffrage ?... Ah ! quelles bénédictions le peuple vous donnera !... Grâce à vous , les distances les plus éloignees se rapprochent, les relations de famille deviennent plus intimes , les amis se visitent, les états se recherchent, les promeneurs se rencontrent : car voilà la question morale des voitures publiques.

CHARLES.

Je ferai un rapport là-dessus... j'y penserai.

BELLE-ROUTE.

Que de bontés !... Permettez-moi de laisser sous vos yeux le premier modèle de mes constructions roulantes.

Crie-Fort sort en gesticulant et en s'inclinant. Belle-Route a monté le ressort d'une petite voiture ; il l'abandonne, et sort en s'inclinant.

# SCENE XV.

# SOPHIE, CHARLES.

CHARLES.

Oh ! que le mécanisme est ingénieux !

SOPHIE.

Oh ! la jolie petite voiture ! Laisse-la donc courir, Charles.

4

**CHARLES.**

Elle m'appartient.

**SOPHIE.**

Du tout... elle est au moins à nous deux.

AIR du 3ᵉ acte *du Maçon.*

**ENSEMBLE.**

La voiture est à moi.
Sans doute
Belle-Route
Ne l'a pas mise ici pour toi.
La voiture est à moi.
Il faut te décider,
Te décider
A me céder.

**CHARLES.**

Ma bonne,
C'est à moi qu'il la donne.
Il a ma protection.

**SOPHIE.**

C'est moi qui de l'invention
Protége la pétition.

**ENSEMBLE.**

La voiture est à moi, etc.

## SCÈNE XVI.

### Les Précédents, LE DIRECTEUR, D'ARGENTEUIL.

**LE DIRECTEUR.**

*Il surprend ses enfants en discussion.*

Eh bien! Charles, Sophie, que signifient ces cris ?... Charles, avec les insignes dont tu t'es décoré, tu sors un peu, ce me semble, de ton caractère diplomatique.

**SOPHIE.**

C'est un joli directeur que mon frère.

**CHARLES.**

Aussi bon que toi. (*Apercevant M. d'Argenteuil.*) L'homme de ce matin avec mon père !...

**LE DIRECTEUR.**

J'espère que tu vas me permettre de reprendre le portefeuille, n'est-ce pas ?

**CHARLES.**

Je crois, pendant le peu de temps que je l'ai gardé, avoir rempli assez convenablement mon ministère.

### LE DIRECTEUR.

Les qualités qu'on a surtout remarquées en toi sont l'urbanité, qui concilie les cœurs ; l'affabilité avec laquelle tu as communiqué à monsieur les détails qu'il sollicitait relativement au général d'Argenteuil.

### CHARLES.

J'avais demandé à monsieur s'il était lié avec le général.

### D'ARGENTEUIL.

Mon jeune ami, si vous m'eussiez demandé si j'étais de sa famille, je vous aurais répondu affirmativement... Je suis son père.

### CHARLES.

Ah ! monsieur...

### D'ARGENTEUIL.

C'est un petit avertissement pour l'avenir, un conseil de ne pas juger si brusquement les titres à la bienveillance. Pour traité de paix, mon cher Charles, vous viendrez passer quelques mois dans mes manufactures. Quand on est appelé à commander aux hommes, il ne faut dédaigner aucune des branches d'utilité publique.

### SOPHIE.

Mon pauvre Charles, est-il stupéfait ?

#### CHARLES.

Ce qui peut militer en ma faveur, c'est que, dans quelques audiences que j'ai données, je n'ai pas dû me tromper aussi grossièrement.

Il remet les notes.

#### LE DIRECTEUR.

Tu t'abuses encore, mon cher Charles : tu as pris pour des hommes de génie quelques charlatans, ou des fous... L'expérience viendra avec l'âge ; mais le moment de l'infaillibilité n'est pas encore arrivé pour toi.

#### SOPHIE.

Mon papa, j'ai une demande à vous adresser... Elle est d'une dame de qualité à laquelle je m'intéresse vivement.

#### LE DIRECTEUR.

Et toi aussi, tu te mêles d'administrer ?

#### SOPHIE.

Et je m'en acquitte plus heureusement que mon frère.

#### LE DIRECTEUR, *à l'huissier.*

Introduisez madame Sainte-Rose.

#### SOPHIE.

Comment ! elle est là... vous la laissez faire antichambre... Une dame de distinction si aimable...

## SCÈNE XVII ET DERNIÈRE.

Les Précédents, Madame SAINTE-ROSE.

### LE DIRECTEUR.

Madame Sainte-Rose, vous êtes toujours marchande à la toilette?

### MADAME SAINTE-ROSE.

Oui, monseigneur.

### SOPHIE.

Est-il possible !

### LE DIRECTEUR.

Vous obtiendrez la fourniture que vous sollicitez quand vous aurez rendu les comptes de la dernière.

### MADAME SAINTE-ROSE.

Grand merci, monseigneur.

Charles se moque à son tour de Sophie. — Madame Sainte-Rose sort.

### LE DIRECTEUR.

Vous voyez, mes enfants, combien il est difficile de distinguer la véritable physionomie de chacun. Aussi, je ne saurais trop vous le répéter :

Air *de la Treille.*

De l'apparence,
On doit, je pense,
Se défier à chaque instant :
L'habit ne fait pas le talent.

# VAUDEVILLE.

Air du vaudeville *du Mariage à la hussarde.*

## LE DIRECTEUR, *à ses enfants.*

Par votre vive étourderie
Pour ne plus être tourmentés,
Dites à l'intrigant qui prie :
Restez à la porte, restez.
Mais au malheur qui se présente
Pour défendre ses droits sacrés,
Dites d'une voix consolante :
Entrez, vous qui souffrez, entrez.

### D'ARGENTEUIL.

Faux amis, convives avides,
Vous qui, par des dîners tentés,
Fuyez devant des buffets vides,
Restez à la porte, restez.
Vous qui, l'âme gaie ou chagrine,
Dans ma demeure pénétrez
Pour moi, non pas pour ma cuisine,
Entrez soir et matin, entrez.

### CHARLES.

Jeunes auteurs, trop idolâtres,
Par le romantique excités,
Vous qu'on voit sur tous nos théâtres,
Restez à la porte, restez.
Mais vous que le bon goût éclaire,
Persistez pour être illustrés.
Thalie a besoin d'un Molière :
Entrez sous son égide, entrez.]

### SOPHIE, *au public.*

Souvent on voit par de longs drames
Les spectateurs épouvantés.
Dans l'asyle des noires trames,
Restez à la porte, restez.
Ici, par une œuvre légère,
Quand nous voulons vous attirer,
Puissions-nous tous les jours vous plaire !
Puissiez-vous tous les jours entrer.

### TOUS.

Ici, par une œuvre légère, etc.

FIN.

---

Imprimerie de GUIRAUDET, rue Saint-Honoré, n. 315.